Coleção Dramaturgia

MATÉI VISNIEC

Impresso no Brasil, julho de 2012

Título original: *Le Dernier Godot*
Peça publicada na coletânea *Du Pain Plein les Poches et Autres Pièces Courtes.*
Copyright © Actes Sud, 2004.

Os direitos desta edição pertencem a
É Realizações Editora, Livraria e Distribuidora Ltda.
Caixa Postal: 45321 · 04010 970 · São Paulo SP
Telefax: (5511) 5572 5363
e@erealizacoes.com.br · www.erealizacoes.com.br

Editor
Edson Manoel de Oliveira Filho

Gerente editorial
Gabriela Trevisan

Preparação de texto
Maria Alexandra Orsi

Revisão
Danielle Mendes Sales e Liliana Cruz

Capa e projeto gráfico
Mauricio Nisi Gonçalves / Estúdio É

Diagramação
André Cavalcante Gimenez / Estúdio É

Pré-impressão e impressão
Gráfica Vida & Consciência

Reservados todos os direitos desta obra. Proibida toda e qualquer reprodução desta edição por qualquer meio ou forma, seja ela eletrônica ou mecânica, fotocópia, gravação ou qualquer outro meio de reprodução, sem permissão expressa do editor.

O Último GODOT

MATÉI Visniec

TRADUÇÃO: ROBERTO MALLET

Peça dedicada aos dois personagens

Rua em declive, com pouquíssimo movimento, ao crepúsculo. Godot, homem magricela mas decentemente vestido, está sentado à beira da calçada, os pés na sarjeta. Fuma, com ar triste, sem pensar. Próxima a ele, uma lata de lixo emborcada.
De algum lugar, invisível para a plateia, vem o som de uma porta se abrindo, ouve-se uma balbúrdia surda e um segundo homem magricela (mas decentemente vestido) é jogado sobre a calçada. Como veremos adiante, este segundo homem é Samuel Beckett em pessoa. O personagem quase despenca sobre Godot.

BECKETT: Desculpe.

GODOT: Não foi nada.

BECKETT (*espanando a roupa*)**:** Eu não queria machucar você.

GODOT: Eh, tudo bem!

BECKETT (*ajeitando o chapéu*)**:** Canalhas. Só canalhas.

GODOT: É a regra. (*Olhando-o com mais atenção.*) Ei, olha aí, a manga descosturou!

BECKETT (*levantando o braço esquerdo e tocando a axila*)**:** Eu já tinha percebido.

GODOT: Eles bateram em você?

BECKETT: Não. Na verdade eles me sujaram.

GODOT (*oferecendo-lhe uma bagana*)**:** Quer uma tragada?

BECKETT: Obrigado.

GODOT: Sente-se. Por que não se senta? (*Beckett senta-se na calçada, os pés na sarjeta.*) É só impressão ou eles jogaram você pra fora? Hein, não jogaram você pra fora?

BECKETT (*ligeiramente irritado*)**:** E você por acaso viu eles me jogarem pra fora?

GODOT (*triste*)**:** Na verdade, eles me jogaram pra fora também.

BECKETT: De onde?

GODOT: Do teatro.

BECKETT: Quando?

GODOT: Há pouco.

BECKETT: Você tinha um ingresso?

GODOT: Tinha.

BECKETT: E então?

GODOT: Não quiseram representar para um único espectador.

BECKETT: Devia ter insistido. Se você tinha um ingresso, devia ter brigado. Eles não tinham o direito de não representar! É o que eu penso: tinham que representar. Mesmo que só pra você. Devia ter brigado.

GODOT: Brigar com quem? Com essa gente...

BECKETT: Não devia ter permitido. Você não devia ter permitido. Eles são obrigados a representar. Mesmo se houver só cinco pessoas na plateia. Não interessa. São atores. É o ofício deles.

GODOT: Talvez eles também estejam de saco cheio. Anteontem tinha exatamente cinco pessoas, como você disse. E eles representaram. Percebe? Talvez eles também estejam cansados... Todo mundo está cansado. (*Pausa. Retoma a bagana e puxa uma baforada.*) Ontem tinha só dois.

BECKETT: Como sabe que tinha só dois?

GODOT: Era eu um dos dois.

(*Puxa uma baforada.*)

Vou mostrar uma coisa...
Sabe atirar a bagana com dois dedos?
Veja...
Pegue assim...
Com esse dedo aqui...
Dê-lhe um piparote, e então ela sai voando...

(*Joga a bagana na outra calçada.*)

Viu? Consegue fazer isso?

BECKETT: Você não tinha mais nada pra fazer?

GODOT: Fazer o quê?

BECKETT: Vir ontem e hoje!

GODOT: Ah, mas eu venho sempre. Venho todas as noites.

BECKETT: Bem que eu achei que já tinha visto a sua cara.

GODOT: Eu também já tinha visto a sua. Não era você o sujeito no fundo da plateia? Quer dizer, ontem à noite, era você o segundo?

BECKETT: Sim, era eu. Certo, era eu mesmo.

GODOT: Eu tinha sacado que era você. Quando vi você, saquei. E você fazia o que ali?

BECKETT: Fui eu que escrevi.

GODOT: O quê?

BECKETT: Essa peça. Fui eu que escrevi.

GODOT: Mentira! Foi você que escreveu?

BECKETT: Eu.

GODOT: Quer dizer que é você o autor?

BECKETT: Sou. Sou eu.

GODOT: Estupendo! Então você existe.

BECKETT: Existo. É claro que eu existo. Quem lhe botou na cabeça que eu não existia?

GODOT: Na verdade, eu já tinha entendido há muito tempo que você existia. Foi há poucos anos que me perguntei se você existia mesmo. Dizia pra mim mesmo: ele existe ou não existe? Em alguns dias eu achava que você não poderia existir. Está entendendo? Há dias assim. Há dias e dias, percebe? Todo tipo de dias. Mas você não pode sacar. Com essa cachola vazia...

BECKETT: Vou te dar uma...

GODOT: Ah, quer me bater? Bate! Vai, bate! (*Pausa. encarando-o, furioso.*) Se você quer saber, já me bateu demais! Tem é que parar de me bater. Já me bateu demais até aqui.

BECKETT: Não foi culpa minha. Machuquei você porque eles me empurraram.

GODOT: Ah! Não saca coisa alguma. (*Fixando-o.*) Não estou falando de hoje. Falo em geral. Há anos você me faz de besta.

BECKETT: Eu faço você de besta?

GODOT: É, você! Todos os dias, cada segundo, há anos. Você me esfolou vivo, me esmagou, me destruiu. Fez de mim um fantasma, um fantoche; humilhou-me. Isso então é um personagem? (*Põe-se de pé, ameaçador.*) Infeliz! Agora vai pagar por tudo, tudo, tudo!

(*Acachapante.*)

Eu sou Godot!

BECKETT: O que foi que disse?

GODOT: Eu sou Godot! Isso lhe diz alguma coisa? Está entendendo bem? Chegou sua hora. Pelo menos tem que entender, sentir que chegou sua hora!

BECKETT: Está louco. Não foi à toa que jogaram você pra fora.

GODOT: Eu, louco? Eu? Você é o louco! Não me chame de louco. Não sou louco. Quem escreve é que é o louco. Isso lá é jeito de escrever? Por que não olha um pouco em volta, pra ver como se escreve? Onde é que já se viu um personagem que não aparece?

Onde?

(*Pausa. Ele espera uma resposta.*)

Judas!

(*Senta-se novamente.*)

BECKETT: Não admito que me chame de Judas! Não tem direito de me pedir satisfações.

GODOT: Eu? Não tenho direito de pedir satisfações? Ei, espera um pouco. Sou o único que tem direito de exigir satisfações. Quem você acha que é? Veja só Shakespeare! Todos os personagens aparecem! Até o fantasma! Tudo o que está escrito no papel entra em cena. E você? Pensa que foi fácil todo esse tempo pra mim? No fundo quem sou eu? Como é possível que brinque assim comigo?

(*Pouco a pouco, começa a choramingar.*)

Um minuto só me bastaria... Até um segundo... Eu também poderia dizer uma fala... Não importa a fala... Por exemplo, eu poderia dizer NÃO... Eu poderia aparecer bem no final, ir até a boca de cena e dizer NÃO... O que poderia acontecer se eu dissesse NÃO? Digo que não aconteceria nada... Não é que não aconteceria nada?

BECKETT: Não.

GODOT: Estou de saco cheio, pura e simplesmente de saco cheio! Como é possível boiar assim infinitamente? Ser e não ser, ao mesmo tempo? É isso o que quero perguntar a você, entende? Como é possível ser e não ser?

BECKETT: Não sei.

GODOT: Mas tem que saber. Como pode não saber? Alguém tem que saber. Quem pode saber, se você não sabe?

BECKETT: Eu não sei. Me veio assim, espontaneamente.

GODOT: Talvez tenha sido um momento de destempero. Um mau dia. Pode acontecer com todo mundo, né? Uma fatalidade... Mas as coisas podem se arranjar... Pode ser feita alguma coisa.

Como eu já disse, não preciso mais do que um minuto, mais do que uma única palavra, pra ser eu mesmo.

(*Tira um maço de folhas de papel do paletó.*)

Olha... Aqui... Não tenho absolutamente nenhuma pretensão... Me ajeita em algum lugar... Não importa onde... Abra um parêntese... Faça alguma coisa...

BECKETT (*folheia as páginas, entediado, depois as lança fora*): Inútil. O teatro está fechado.

GODOT (*recolhe as folhas na rua*): Não é possível, não é possível...

Não pode acabar assim...

BECKETT: A peça não vai mais ser encenada.

GODOT (*interrompendo o gesto no ar*): Como assim não vai mais ser encenada?

BECKETT: Não viu como eles me jogaram pra fora? Não vai ser mais encenada. Nada mais vai ser encenado, em lugar nenhum. Nada.

GODOT: Mas é terrível, terrível...

BECKETT: Mas é isso.

(*Pausa.*)

Tem um cigarro?

GODOT: Ainda pode achar algumas baganas na lixeira.

BECKETT: Merda! Não vou fumar lixo de jeito nenhum.

GODOT: Por quê? É a lixeira do teatro...

Levanta e desvira a lata de lixo...

Aí está... Escolha...

BECKETT: Não posso. Tenho nojo.

GODOT (*remexendo com o pé por entre os objetos espalhados*)**:** No fundo, talvez você tenha razão...

(*Preocupado com os restos do teatro.*)

A lona já não se aguenta em pé... Não é mais como era... Basta olhar pra esta lixeira pra ver que o teatro está fodido...

BECKETT: O que é isso aí?

GODOT: Uma máscara... Não é mais usada... (*Acende uma bagana.*) Ah, que tempos... Que mundo... Hoje em dia, quem é que ainda sabe usar uma máscara!

(*Puxa uma baforada. Senta-se ao lado de Samuel Beckett e estende a ele a bagana. Cochichando.*) Tenho a impressão de que alguém está escutando.

BECKETT (*pega a bagana, dá uma tragada, olha em torno de si*)**:** Onde?

GODOT (*cochichando*)**:** Lá... Atrás de nós. Um sujeito. Parou ali faz uns cinco minutos e está nos escutando.

BECKETT (*dando uma tragada, passa-lhe a bagana*)**:** Deixa estar!

GODOT: Se quiser, eu mando ele passear.

BECKETT: Não vale a pena.

GODOT: Arrebento a cara dele. E é já! Quer?

BECKETT: Fica tranquilo.

GODOT: Quero fazer alguma coisa por você. Não posso vê-lo assim acabado. Quero fazer alguma coisa por você. Dou então só um safanão nele, pra aliviar a tensão.

BECKETT: Por que bater nele? É um homem. Não vê como as ruas estão desertas? Até me espanto em ver alguém andando por aí.

GODOT: Eu também já tinha notado que a coisa não vai bem.

BECKETT: Quando vinha pra cá atravessei um parque. Quantas pessoas você acha que passeavam nele?

GODOT: Quantas?

BECKETT: Três.

GODOT (*triste, fumando*): Eu ia dizer três, mas não disse.

BECKETT: Há duas horas fui beber uma cerveja na calçada. Quantas pessoas você acha que estavam lá?

GODOT: Quantas?

BECKETT: Três.

GODOT: Que se fodam. Eu ia dizer três e não sei por que não disse.

BECKETT: Tente entrar num ônibus. Você vira louco varrido. Vim pra cá de ônibus. Quantas pessoas você acha que estavam no ônibus?

GODOT (*triunfante*)**:** Três!

BECKETT: Só eu e o motorista!

GODOT: Está muito claro. Tudo está degringolando.

BECKETT: O motorista era surdo. Quando perguntei a ele onde deveria descer, ele encolheu os ombros.

GODOT: Animais. Não é mais um mundo em que se possa sair de casa. A melhor coisa é ficar trancado e pensar.

BECKETT: Olhe o outro lado da rua. Todas as janelas estão fechadas, todas as cortinas cerradas.

GODOT: Vem chegando alguém.

BECKETT: Quem?

GODOT (*sussurrando*)**:** Um sujeito. Parou atrás de nós e está nos escutando.

BECKETT: Foda-se.

GODOT: Que bom ver você revigorado. Se quiser, vou lá e...

BECKETT: Não, não... Em vez disso acende uma bagana.

GODOT: A coisa de que mais tenho medo...

Mas mais medo de verdade... (*Procurando nos bolsos.*)

Sabe... É que amanhã eu não saiba mais pra onde ir.

BECKETT: Como assim?

GODOT (*encontrando uma bagana um pouco maior*): Quer dizer, o teatro. Aposto que vão fechá-lo também.

BECKETT: Vão transformá-lo em um entreposto de barris de chucrute.

GODOT: Já tem cheiro de repolho fermentado.

BECKETT: Não é do repolho fermentado. É do esgoto. (*Inclina-se e encosta o ouvido na calçada.*) Alguma coisa está se movendo aqui embaixo. Está ouvindo alguma coisa se mover aqui embaixo?

GODOT: A mim me parece imóvel. (*Escuta.*) Você acha que está se movendo?

BECKETT: Está sim, mas muito lentamente.

GODOT: Às vezes, quando me levanto de manhã, tenho a impressão de que alguma coisa sai da minha cabeça e se espatifa no chão. Você acha que é possível?

BECKETT: Alguns anos atrás eu quase esmaguei uma pessoa com o meu carro. Mal consegui frear; depois senti a mesma coisa.

GODOT: O que será isso?

BECKETT: Não sei. Talvez não seja nada.

GODOT: Meu velho, vou lhe dizer uma coisa. Acho você cada vez mais simpático.

BECKETT: Eu também quero dizer uma coisa. Lamento tudo que aconteceu. Se quiser, você pode entrar no final, como queria.

GODOT: E pra quê? O teatro está morto.

BECKETT: Morto ou não, quero que entre no final. Dê-me os papéis.

GODOT: Bobagem! O importante é estar vivo.

BECKETT: Não, não... Quero acrescentar alguma coisa... (*Procura por entre as folhas*).

Onde está o final?

GODOT: Meu velho, esses não merecem um final. Sugiro outra coisa. Tenho uma garrafa.

(*Durante todo esse tempo, passantes aproximaram-se e pararam para escutá-los. Até o final, eles formarão um semicírculo em torno deles.*)

BECKETT: Ela também vem da lixeira?

GODOT: Isso não importa. O importante é que está aqui. É minha. (*Tira a garrafa do paletó.*) A que vamos beber?

BECKETT: Apenas beber, nada mais. Beber pura e simplesmente.

GODOT: Não, é lastimável beber pura e simplesmente. Neste mundo é lastimável apenas beber. (*Levanta a garrafa.*) Ao teatro! Que acaba de morrer.

BECKETT: Para o diabo o teatro... (*Pega a garrafa e bebe.*) O quanto eu o amei...

GODOT: Porcarias... Crápulas... Matar a arte... (*Bebe com entusiasmo, aturdido.*) Posso abraçá-lo?

BECKETT (*comovido*): Agora, nesses últimos anos, peguei o costume de me enfiar na plateia, ficar lá no fundo, no escuro... Ficava espiando... Oh, eu amei uma quimera... (*Abraçam-se.*)

GODOT (*sobre o ombro de Samuel Beckett*): O que se pode fazer agora? Está tudo afundando... A calçada... Vamos todos morrer como ratos.

BECKETT: Para com isso, ninguém vai morrer.

GODOT (*choramingando*): Eu não poderia viver sem o teatro... Não duraria muito... Toda noite, eu estava na plateia, estava entre as pessoas, vivia... Sofria como um animal, mas vivia... Vivia em tudo, em cada palavra... Como eles podem fechar tudo? Como podem jogar as pessoas pra fora? O que será de mim agora?

BECKETT (*olhando embaraçado em volta de si, cochichando*): Cale a boca, não vê que está todo mundo rindo?

GODOT: O quê? O quê?

BECKETT (*cochichando*): Não vê? Que se fodam. Está vendo quantos eles são?

GODOT (*cochichando*): De onde saíram? O que é que eles querem?

BECKETT: Não tenho a mínima ideia. O que importa é que eles estão aí.

GODOT: Se quiser eu vou lá e...

BECKETT: Não... Não... Vamos continuar falando. Vamos falar mais. Vamos continuar assim.

GODOT (*espantado, agitado*): Não sei de onde eles saíram. A rua estava deserta. Estava deserta há pouco. Como podem se reunir em tamanho número numa rua deserta?

BECKETT: Podem. Tudo é possível. Há dias em que tudo é possível.

GODOT: Veja. Começaram a sentar. Acho melhor cair fora.

BECKETT: Por que cair fora? Vamos continuar falando.

GODOT: Então será tarde demais. Eles vão nos sufocar.

BECKETT: Que é isso, que é isso... Vamos continuar falando...

GODOT: Falar de quê? Falar por quê?

BECKETT: Falar. O mais importante é falar. Vamos falar de tudo.

GODOT (*olha em torno, assustado, a multidão sentada na rua*): Meu Deus, o que é que eu vou dizer?

BECKETT: Pergunte-me se eles me bateram… Enquanto isso eu tiro o sapato e olho pra ele. Depois, você me pergunta o que estou fazendo. (*Tira o sapato.*)

GODOT (*com voz decidida*): Que é que você está fazendo?

BECKETT: Estou tirando o sapato. Isso nunca aconteceu a você?

Fim

MATÉI VISNIEC

Eu tinha quinze ou dezesseis anos quando descobri Beckett. Era aluno do liceu,[1] em minha pequena cidade natal. Já tinha lido muita coisa e era fascinado por Kafka, Dostoiévski e Jarry. E um dia, um jovem professor de literatura me entregou uma revista dizendo "tens que ler isto". Era *Esperando Godot*, que acabava de ser publicada na revista *Secolul XX* [O Século XX], a melhor revista de literatura universal que existia na época na Romênia.

Lembro-me muito bem daquele dia: li de uma só vez essa peça que não se parecia com nenhuma outra já lida. Foi uma revelação, o começo de um grande amor. Descobri, através de Beckett, minha própria identidade, descobri uma linguagem, uma forma de protestar, uma família espiritual à qual eu pertencia, enfim, quase tudo... Pois essa peça, hermética para um bom número de pessoas, "absurda" para a maioria dos observadores do fenômeno literário, era para mim de uma clareza incrível, de um realismo cruel, de uma transparência divina. Lendo *Esperando Godot* compreendi quase tudo sobre a natureza humana, coisas que nenhum manual de psicologia geral ou de psicologia social poderia me ensinar.

---

[1] O liceu é um estabelecimento público de ensino de nível médio.

É uma coisa estranha que, num país como a Romênia dos anos 1970 e 1980, imersa na deriva totalitária, autores como Beckett, Ionesco, Kafka, Céline, Camus, etc. fossem traduzidos e difundidos até mesmo em bibliotecas públicas... Como se o poder se tivesse tornado cego e incapaz de compreender que essa literatura sombria falava das grandes misérias do mundo, a miséria totalitária inclusive...

Ler Beckett, na época, era como respirar uma alternativa à ideologia oficial. Era como imergir na liberdade mesma de dizer NÃO.

Soube depois que Beckett era tão amado no Ocidente quanto no Oriente. Uma prova de que as misérias do mundo só se diferenciam pelo grau de intensidade, e não por sua natureza íntima...

Beckett tinha se tornado para mim mais que um Mestre, era um personagem... Eu o achava mais misterioso que Ionesco e, às vezes, relendo *Esperando Godot*, sentia falta de alguma coisa, de sua presença entre os personagens, Vladimir, Estragon, Pozzo e Lucky. Passaram-se os anos, comecei eu mesmo a escrever peças "negras", em que forçava os limites da liberdade e do possível. E um dia, em 1987, senti que precisava separar-me de meu "Mestre". Fiz isso à minha maneira, escrevendo uma peça em que Beckett era personagem e encontrava Godot. É verdade que escrevi *O Último Godot* estimulado pelo diretor da revista *Secolul XX*, Dan Haulica, que queria dedicar um número inteiro a Beckett. Pediram-me "alguma coisa", um artigo, algumas reflexões... Tinha assim a liberdade de falar como quisesse de Beckett e... subitamente, tive a revelação de que devia escrever uma peça curta sobre meu "Mestre". Para dizer-lhe adeus, para separar-me de uma obsessão que tinha me dado tudo, para buscar meu caminho além... Tinha 31 anos, a peça foi publicada em setembro na Romênia, uma semana mais tarde aportei em Paris com uma mala e um enorme desejo de recomeçar minha vida.

Alguns anos depois, com várias de minhas peças traduzidas para o francês, encontrei Christian Auger. Esse encontro marcou o recomeço de minha vida de autor, pois foi em Lyon e graças a Christian Auger que minhas peças foram lidas e representadas pela primeira vez perante um público francês. E é ainda em Lyon que a Companhia Pli Urgent, dirigida por Christian Auger, entrega-se à aventura de um espetáculo em que Godot e Beckett se encontram... Desejo-lhes boa sorte nessa viagem onde a ficção fala do amor que todos os pontos cardeais têm por Beckett.

Fevereiro de 1996

ENTREVISTA

BRIGITTE MOLTO: *Em janeiro de 1996, a Maison Jean Vilar d'Avignon pediu à Companhia Pli Urgent que organizasse uma leitura-debate com um texto de Matéi Visniec,* Cílios Proibidos Durante a Noite, *com a presença do autor, numa quinta-feira, dia 1º de fevereiro de 1996.*

Seria demasiado longo transcrever esse debate neste livro (e não é esse nosso objetivo). Mas oferecemos um trecho dele. Não foi escolhido por acaso. O assunto da próxima peça de Matéi Visniec, criada para nós, é formulado aqui, quando ele fala do poder das mídias e da imagem: Paparazzi ou a Crônica de um Nascer de Sol Abortado.

A Companhia Pli Urgent, pequena companhia teatral sem sede própria, defende desde 1981, data de sua criação, os autores contemporâneos vivos. Um assunto "pobre" porque interessa pouco à política cultural "dourada" das instituições políticas atuais, um assunto conduzido ao sabor das mídias: "é como eles querem".

MATÉI VISNIEC: No Estado totalitário onde vivi, as coisas eram simples porque o adversário era identificado. O inimigo era o poder. A urgência era demolir o sistema político e fazer a crítica do pensamento único, da ideologia que justificava o Estado totalitário. A urgência era zombar dos símbolos do Estado totalitário, de suas instituições, de seus tiques, de seus discursos, de seus *slogans,* de seu hinos, de suas canções, de seus gostos, de sua literatura encomendada, etc.

Em uma sociedade democrática, o adversário é bem mais difícil de ser identificado e, ademais, é fácil equivocar-se quanto ao que é urgente... O adversário que se esconde sob *slogans* e práticas democráticas é bem mais pérfido, pois o efeito perverso da democracia é o de se fazer passar por uma forma de liberdade.

Descobri, quando vim morar no Ocidente, que as pessoas podem ser manipuladas mesmo em uma sociedade livre e democrática e que isso pode ser feito em nome da liberdade e da democracia. Descobri, por exemplo, que a luta pelo poder pode tornar-se um espetáculo grotesco, que a demagogia tem sutilezas que se pode facilmente confundir com reflexão filosófica; e que, o que é ainda mais grave, a demagogia casa-se muito bem com os poderes das mídias. Descobri que a liberdade pode ter um lado selvagem, que a informação pode matar a comunicação, que nada jamais é definitivamente adquirido e que o ser humano deve lutar sempre por seus direitos, para preservar sua liberdade ameaçada pelos efeitos da liberdade.

Acho que o teatro pode e deve falar disso, falar dos múltiplos paradoxos da sociedade industrial, moderna e democrática. A sociedade civilizada, evoluída, não está protegida dos numerosos poderes obscuros que a rondam, que a desumanizam...

Esse assunto parece-me extremamente interessante para um escritor engajado: a manipulação das pessoas na era da liberdade. Como fazer lavagem cerebral nos tempos modernos! A luta pelo poder, mesmo que regulada pelas leis democráticas, continua sendo um assunto interessante, pois a luta pelo poder carrega consigo toda uma série de declarações demagógicas, de gestos teatrais, de roteiros manipuladores, de estratégias pérfidas... Acho que o teatro pode desvelar a crueldade dessa luta, pois ela não se dá em nome da verdade, mas em nome de ambições e pulsões profundas...

Jamais ousaria zombar, em minhas peças, do princípio da liberdade de expressão. Mas o poder das mídias, por exemplo, inquieta-me. Vejo em sua agressão uma ameaça à natureza humana, uma forma de destruição dessa liberdade, porque ela pode aprisionar as pessoas. Há também outro poder que me inquieta, é o poder da imagem. Hoje a imagem invade-nos, a imagem substitui a palavra e implicitamente o pensamento. A imagem tornou-se, para milhões de pessoas, uma necessidade doentia, uma droga. O homem que "zapeia" horas e horas na frente da televisão pode ser um personagem cômico, mas ele é, penso eu, a vítima de uma política da imagem.

Mas eu refleti também, em minhas peças, sobre o poder desmesurado do dinheiro, sobre o cinismo da vida política, sobre a fragilidade do jogo democrático e da democracia. O perigo da deriva é sempre muito grande, e acho, aliás como Sartre e muitos outros, que o intelectual deve permanecer vigilante.

Há dez anos, na Romênia, a mensagem de meu teatro, e do "teatro cifrado" em geral, dirigia-se ao poder político para dizer a ele: vocês nos obrigam a dizer mentiras, nós parecemos dizer mentiras, mas conhecemos a verdade. E a mensagem chegava a seu destino, mesmo que isso não mudasse grande coisa.

Na França, a mensagem pode ser dita de forma mais direta, pode-se dizer simplesmente: "parem a agressão contra a arte, parem com essa política de austeridade cultural, parem com os abusos".

Mas eu me pergunto se a mensagem chega a algum lugar. A reflexão sobre essa questão é em si mesma quase um tema de peça teatral: será que a mensagem política é eficaz, será que alcança seu destinatário? Ou será que falamos num deserto? Ademais, tornamo-nos (nós, os autores, os atores, os encenadores) absolutamente ridículos quando tomamos a palavra.

Nos países do Leste Europeu, protestava-se através da literatura (e do teatro) porque não se podia protestar nas ruas. E o teatro tinha o papel de unir as pessoas do mesmo lado da barricada. Mas também no Ocidente, acho que o teatro pode criar laços, estabelecer uma cumplicidade, uma nova solidariedade entre as pessoas que compartilham as mesmas inquietudes, as mesmas questões, a mesma ausência de respostas. É verdade que no mundo democrático as pessoas podem sair às ruas para gritar seu protesto.

Mas o teatro pode prolongar o protesto da rua e matizá-lo. Nunca se protesta na rua contra a solidão do ser humano no mundo artificial da imagem. Mas o teatro pode fazê-lo. Nunca se sai às ruas contra a manipulação do ser humano pelos *slogans* da publicidade, mas isso pode vir a ser o tema de uma peça.

Penso sempre que o teatro tem por missão específica penetrar na filosofia do ser humano, esse "animal político", como dizia Aristóteles.

Mas quando me engajo em uma reflexão pública através de uma peça, jamais esqueço que devo sempre permanecer dentro do território da linguagem artística.

Esse é para mim o grande desafio do teatro político. Esse desafio consiste na dificuldade de estar, ao mesmo tempo, enraizado na matéria da realidade social e na beleza da expressão artística. Se o homem que se interroga sobre os problemas da cidade não consegue, ao mesmo tempo, fazê-lo de forma emocional, isto é, artística, e de modo enraizado, o resultado será sempre nulo. Caímos num registro escolar e pedagógico. O grande epistemólogo Thomas Khun declarou: "em uma pesquisa da verdade, não é a verdade que me interessa, mas a verdade interessante". Dentro dessa lógica, creio que o teatro político, o teatro forte, o teatro que grita, o teatro que acusa só tem sentido se continuar sendo uma forma de arte.

CONVERSAÇÃO 3

PLI URGENT: *Você escreveu esse texto em 1987 na Romênia. Nele você fez seus personagens dizerem que o teatro está cansado, que o teatro está morto. Era esse, naquele momento, o estado do teatro na Romênia? Ou ele apenas estava caminhando nessa direção? Ou ainda, morto Beckett, o teatro contemporâneo estava sem um sucessor e, portanto, obrigado a andar em círculos, cansar-se e morrer?*

MATÉI VISNIEC: Escrevi O *Último Godot* em 1987, ano em que deixei a Romênia para morar na França. Na época, o teatro romeno não estava morto, longe disso, mas era obrigado a viver às escondidas, ou quase na ilegalidade, obrigado a adaptar-se às regras da dupla personalidade para sobreviver. Vivia (ou antes sobrevivia) enquanto teatro vigiado, perseguido (pelo poder), frequentemente desfigurado pelos pequenos "compromissos" que os autores aceitavam para ver suas peças representadas, que os encenadores faziam para realizar uma montagem, que os atores adotavam para poder apresentar-se... O teatro romeno estava, seguramente, em guerra com o poder, mas era ao mesmo tempo um teatro profundamente ferido, portanto bem mais agressivo, o que o desviava com frequência de sua missão natural.

Em 1987, quando escrevi O *Último Godot*, Beckett ainda estava vivo... Suas peças foram montadas muitas vezes na Romênia naquele período em que o regime já caminhava para a ruína. É a prova de que nos momentos de crise tudo é possível, e de que um Estado totalitário prestes a ruir não pode mais controlar a totalidade da vida cultural; e então não é mais... totalitário. É uma coisa aparentemente estranha, mas, nos anos 1980, *Esperando Godot* foi montada até no Teatro Nacional de Bucareste, e portanto na cena mais "controlada" pelas autoridades culturais... Será que o poder queria mostrar que não tinha medo da literatura "absurda" e da vocação contestatória de uma certa literatura? Ou então se tratava de uma lufada de oxigênio oferecida deliberadamente a uma população contestatória? Migalhas de liberdade como essa eram oferecidas na Romênia daquela época, o que explica, aliás, a esquizofrenia total da sociedade.

PLI URGENT: *Nós montaremos essa peça para o 50º aniversário do Festival de Avignon; acha que o teatro na França, hoje, está cansado, ou quase morrendo, ou talvez mesmo já morto?*

MATÉI VISNIEC: Não, não acho que o teatro francês, hoje, esteja cansado ou quase morrendo... Ele ao contrário está pronto para resistir, pois sofre, ele também, as pressões da modernização sem controle, a agressão da mundialização, os efeitos perversos da uniformização do planeta, os ataques de um certo materialismo cego, os golpes de reação pragmática do poder... Cada velho café "à francesa" que dá lugar a um McDonald's, a um Quick[2] ou a outro pequeno

---

[2] Quick é uma empresa francesa de *fast-food* na linha do McDonald's.

monstro sem alma, de gênero semelhante, cada velho café que se vai, paga de fato o alto preço dessa impiedosa mundialização americanizante... Gosto de comparar as pequenas companhias teatrais com esses velhos cafés... Elas e eles com frequência desaparecem sem que se perceba... Desaparecem em silêncio, engolidos pelos tempos modernos... Mas com a perda dos velhos cafés uma parte da alma francesa desaparece, um estilo de vida se empobrece, a identidade europeia se dissolve... É parecido com as pequenas companhias teatrais... Pois é a existência dessas centenas de companhias que assegura a verdadeira efervescência teatral na França... E se o teatro francês atinge "apogeus" de beleza e de coragem na investigação artística, isso se deve também "à base", ao trabalho de formiga dessas companhias, que mantêm uma atmosfera propícia ao nascimento da beleza. Quando se tenta, por razões econômicas, diminuir o peso desses pequenos teatros nesse edifício, para ficar somente com os "apogeus", corre-se o risco de destruir o equilíbrio natural da vida cultural... A França sempre fascinou por seu esplendor cultural, o que explica por que, ao longo dos séculos, milhares de artistas escolheram viver neste país... Mas esse esplendor cultural tem um preço, pois produzir cultura é estar em guerra contra a barbárie invasora e contra o materialismo selvagem de que eu falava há pouco... E as guerras, como se sabe, ao lado... Na minha opinião, de todas as guerras que a França travou, a guerra cultural é, de longe, a mais importante; foi ela que fez a verdadeira glória da França, e é a única que a França não deve perder.

PLI URGENT: *Beckett e Godot, o autor e seu personagem, mas um personagem que não se vê nunca, mas é ele, Godot, que você faz dizer que o teatro está morto, Beckett não o diz nunca. Godot é também um ator que* *não existe. O personagem/ator diz que o teatro está morto como se o autor não devesse se envolver nisso. Você acha que o desaparecimento do teatro é responsabilidade só dos atores? O personagem/autor Beckett tem a última palavra dizendo: "vamos continuar falando, vamos falar mais". É a palavra dos autores que salvará o teatro?*

MATÉI VISNIEC: Está querendo me atrair para o terreno em que o autor explica sua obra. Não, não vou comentar o que eu quis dizer escrevendo O *Último Godot*. Escrevi essa peça, estou contente por tê-la escrito, estou contente porque ela leva à reflexão... Mas para não destruir a peça depois de tê-la escrito, não falo sobre o que eu quis dizer ao escrevê-la. Farei todos os esforços sempre para que essa peça seja conhecida, representada... Nesse nível, minha missão de autor ainda não acabou... Mas "explicar" a mensagem daquilo que escrevi depois do ato (que tem muito de sagrado) da escrita... não, não é meu estilo, não é minha "missão". Pois se a obra for bem escrita, ela permanecerá sempre e haverá mesmo, para todas as épocas, uma mensagem a ser apreendida... Já se a obra é pobre, toda explicação do autor só fará empobrecê-la ainda mais...

Dados Internacionais de Catalogação na Publicação (CIP)
(Câmara Brasileira do Livro, SP, Brasil)

Visniec, Matéi
  O último Godot / Matéi Visniec; tradução Roberto Mallet. –
São Paulo: É Realizações, 2012. –
(Biblioteca teatral - Coleção dramaturgia)

Título original: Le dernier Godot
ISBN 978-85-8033-094-6

1. Teatro Francês - Século 20 I. Título. II. Série.

12-06964   CDD-842

Índices para catálogo sistemático:
1. Teatro : Literatura francesa   842

Este livro foi impresso pela Gráfica Vida & Consciência para É Realizações, em julho de 2012. Os tipos usados são da família Sabon LT Std e Helvética Neue. O papel do miolo é alta alvura 150g, e o da capa, cartão supremo 250g.